French
FOR COMMON ENTRANCE

13+

Exam
Practice
Answers

French

FOR COMMON ENTRANCE

13+

Exam
Practice
Answers

Joyce Čapek and Nigel Pearce

GALORE PARK

AN HACHETTE UK COMPANY

About the authors

Joyce Čapek taught French at the Dragon School for 22 years, where she guided many 13 year olds through Common Entrance and Scholarship examinations. She retired in 2010 and shortly afterwards moved to Scotland where she shares her knowledge of the language with members of the local U3A (University of the Third Age). She and her husband enjoy entertaining family and friends in their 'maison secondaire' in Burgundy.

Nigel Pearce has spent nearly all his working life in the teaching of French. He was Head of Modern Languages at Summer Fields in Oxford for 20 years, during which time he was for several years the IAPS Modern Languages Coordinator, and held a similar post with SATIPS. He is a Member of the Chartered Institute of Linguists and is the author of the So You Really Want to Learn French series of textbooks. He now lives in western France and is a freelance translator.

Acknowledgements

The author wishes to thank Nick Oulton, the founder of Galore Park, for getting him started on the original series; Joyce Čapek, who co-wrote the first edition and whose advice and encouragement when editing the original series were invaluable; and his wife Linda, for her endless support and patience.

Every effort has been made to trace all copyright holders, but if any have been inadvertently overlooked, the Publishers will be pleased to make the necessary arrangements at the first opportunity.

Hachette UK's policy is to use papers that are natural, renewable and recyclable products and made from wood grown in sustainable forests. The logging and manufacturing processes are expected to conform to the environmental regulations of the country of origin.

Orders: please contact Bookpoint Ltd, 130 Milton Park, Abingdon, Oxon OX14 4SB. Telephone: (44) 01235 827720. Fax: (44) 01235 400454. Email education@bookpoint.co.uk Lines are open from 9 a.m. to 5 p.m., Monday to Saturday, with a 24-hour message answering service. Visit our website at www.galorepark.co.uk for details of other revision guides for Common Entrance, examination papers and Galore Park publications.

ISBN: 978 1 4718 5343 2

© Joyce Čapek and Nigel Pearce 2015

First published in 2015 by

Galore Park Publishing Ltd,

An Hachette UK Company

Carmelite House

50 Victoria Embankment

London EC4Y 0DZ

www.galorepark.co.uk

Impression number 10 9 8 7 6 5 4 3 2 1

Year 2019 2018 2017 2016 2015

Typeset in India

Printed in the UK

A catalogue record for this title is available from the British Library.

Contents

Introduction

This book contains suggested answers to French for Common Entrance 13+ Exam Practice Questions (ISBN 978 1 4718 5342 5), which is available from Galore Park at www.galorepark.co.uk.

The latest ISEB syllabus for French describes two tiered papers, Level 1 and Level 2:

- **Level 1** is intended for candidates who have only studied French for 30 to 40 hours, or who find the language difficult.

- **Level 2** is for the majority of candidates who have completed a course for examination at 13+.

This book highlights some content that is only applicable to level 2 candidates with this symbol:

The full syllabus is available from the ISEB (www.iseb.co.uk).

What is in the Common Entrance examination?

The Common Entrance examination is divided into four equal sections (each worth 25%): Speaking, Listening, Reading and Writing. Outlines of the details of each of these sections follow.

Speaking

Role-play

The examiner will give each candidate, at random, 1 situation from the 3 that are set. The candidate will be required to carry out 6 tasks in French, which have been given in English. One of the tasks will be unpredictable and will require the candidate to respond, unprepared, to the examiner's question. The role-plays may be based on any area of the syllabus. The examiner will give a mark (maximum 6) for completion of the tasks and a mark (maximum 3) for the quality of language. See the end of this book for the ISEB assessment criteria.

Prepared topics

These prepared topics are for both Levels 1 and 2 – see the section on Speaking in the Introduction to *French for Common Entrance 13+ Exam Practice Questions*. Each part will last 1 to 2 minutes and be marked out of 10 in Level 1 and 8 in Level 2.

Part A

The candidate will choose any topic covered by the syllabus (see the end of this Introduction) or a topic in connection with a country where the target language is spoken, for example:

- a town or region

- a regional or national celebration

- an artist (painter, sculptor, writer, composer, celebrity, etc.)

- an historical figure

- a sportsman/sportswoman.

The candidate should introduce his/her topic, with the teacher-examiner intervening after about 30 seconds to ask at least 4 questions during the course of the 2 minutes. Credit will be given for communication of information, pronunciation and intonation, range of vocabulary, range of grammar as set out in the syllabus, accuracy, fluency and readiness of response.

Part B

The candidate will be required to speak about any **1** of the following 4 topic areas:

- house, home, daily routine and chores

- free time and holiday activities

- life and work at school

- personal description, family, friends and pets.

The teacher-examiner will choose the topic for each candidate and give him/her the title at the beginning of the preparation time. No candidate will receive the same topic for Part B as that chosen for Part A. The examiner will ask the candidate to introduce the topic in French. After about 30 seconds the examiner will intervene to ask at least 4 questions during the course of the 2 minutes. Credit will be given for relevant communication, appropriate response to the questions and quality of language, including pronunciation.

See the end of this book for the ISEB assessment criteria.

Listening

There will be a number of recorded short passages. Instructions will be given in English. There will be 25 questions (usually arranged in 5 sections) in **Levels 1 and 2**. There will be a range of test types with instructions in English: these might include multiple choice, true/false, table/grid completion, putting symbols on a map/plan, box-ticking, matching the recording with visual/verbal options, completing sentences/pictures, linking opinions with speakers, correcting a passage with mistakes highlighted, choosing correct answers or answering questions in English.

Reading

Instructions will be given in English. There will be 25 questions on a number of short passages, arranged in 5 sections. There will be several exercises of differing lengths, covering a range of different approaches to the development of reading skills, for example gap-filling, multiple choice, matching headlines to texts, matching pictures to descriptions, matching two halves of a sentence, matching questions and answers, matching people and opinions, choosing a number of correct answers.

Writing

Level 1 exercises

Level 1 Writing will require only a modest amount of written French: the first section will ask the candidate to copy words to fit into gaps – the candidate simply has to choose the right ones. In sections 2 and 3, candidates have to produce short written French sentences for themselves.

Level 1 Section 2 & Level 2 Section 1 exercises

Instructions will be given in English. The questions will require the writing of 5 simple sentences in French, each based on a verbal or written stimulus. Candidates should write 5 to 10 words on each stimulus. Marks will be awarded for content, accuracy and quality of language. Candidates should be awarded a maximum of 8 marks according to the assessment criteria set out at the end of this book.

As a rough guide, to accompany a picture of a boy with a dog, a few words such as J'ai un chien would not be sufficient for the best marks: J'ai un chien qui s'appelle Toby would be much better. For Level 2 in particular, a sentence that includes a time expression such as **Le dimanche, j'adore faire une promenade avec mon chien Toby** would score well. This last attempt has several things to recommend it: an infinitive expression, correct use of **le** with a day of the week, and saying **faire** with **promenade**. **Anything longer risks using up too much time!**

 Level 2

Level 2 Section 2 exercises

Instructions will be given in English. The question will require 80–130 words of continuous writing in the form of a letter, email or similar, based on a written stimulus in French. Candidates will be expected to demonstrate the full range of their knowledge of the linguistic features contained in the syllabus. Marks will be awarded for content, accuracy and quality of language.

Candidates should be awarded a maximum of 17 marks according to the assessment criteria set out at the end of this book.

List of topics covered by the ISEB Common Entrance syllabus

- Language of the classroom, including basic ICT
- House, home, daily routine and chores
- Life and work at school
- Time, dates, numbers and prices
- Personal description
- Family, friends and pets
- Meeting people
- Free-time activities
- Describing holiday activities
- Visiting a café or restaurant
- Simple health problems
- Description of a town or region
- Finding the way and using public transport
- Understanding tourist information
- Shopping (e.g. for food, clothes, presents) and pocket money
- Weather

1 Speaking

Role-play

Below is a transcript of the audio, interspersed with sample answers that fulfill the assessment criteria for gaining top marks. It is emphasised that these are for guidance only, and candidates should be awarded marks in the role-play situation according to the mark scheme set out at the end of this book. This is particularly true for the one open-ended question in each exercise, for which no prompt is given other than 'Answer the question.' For these, pupils may give responses very different from those suggested here.

Exercise 1.1 Au camping

Je peux vous aider?

1 Oui Madame, vous avez de la place pour une caravane?

C'est pour combien de nuits?

2 Pour trois nuits.

Alors, prenez l'emplacement numéro douze près des arbres là-bas.

3 Il y a un magasin sur place?

Dans le camping non, mais vous avez tout ce qu'il vous faut dans le village.

4 Le village est loin?

Mais non. À un kilomètre d'ici.

5 Les magasins sont ouverts le dimanche?

Oui, jusqu'à midi.

6 Merci Madame. Je dois vous payer maintenant?

Oui, s'il vous plaît.

Exercise 1.2 Vacances en Bretagne

Allô!

1 Salut, c'est moi! Je suis en Bretagne.

Tu es dans un hôtel?

2 Non, on fait du camping.

Quel temps fait-il?

3 Il fait un temps magnifique, et le camping est super.

Il y a une piscine?

4   Oui, et une salle de jeux, des courts de tennis, un bar ...

Tu es près de la mer?

5   Oui. On est à cinq minutes de la plage.

Tu as de la chance!

6   Ah oui, je m'amuse bien ici.

Tu restes combien de temps?

7   Quinze jours. On rentre dimanche prochain.

Exercise 1.3 On réserve des chambres

Bonjour, l'Hôtel de Paris.

1   Bonjour Madame. Je voudrais faire une réservation, s'il vous plaît.

Oui, c'est pour quand?

2   Pour trois nuits à partir du sept juillet.

Pour combien de personnes?

3   Nous sommes trois. Nous voulons une chambre double et une chambre pour une personne.

Très bien. C'est quel nom?

4   Duclos. D-U-C-L-O-S.

Bien. Vous comptez arriver vers quelle heure?

5   Dans l'après-midi. Vers quatre heures.

C'est parfait.

6   Vous avez un parking à l'hôtel?

Oui, il y a un parking privé derrière l'hôtel.

7   Excellent. Merci Madame. Au revoir.

Exercise 1.4 À la plage (a)

Salut, je suis Sébastien. Comment tu t'appelles?

1   Je m'appelle Anne.

Tu habites ici?

2   Non, je suis en vacances.

Tu restes combien de temps?

3   Un mois. Mes grands-parents ont une villa ici.

Tu as des frères et des sœurs?

4   J'ai un petit frère de dix ans. Il joue là-bas.

Le garçon aux cheveux blonds?

5   Non, le grand aux cheveux noirs.

Tu aimes la plage?

6   Oui, c'est super. J'aime nager et faire de la planche à voile.

Tu veux jouer au volley avec nous?

7   Oui, je veux bien.

Exercise 1.5 À la plage (b)

Tu es anglais?

1   Oui, j'habite à Londres. Et toi, tu habites où?

J'habite un petit village à la campagne, en Bourgogne.

2   Ah, c'est joli, la campagne.

Oui. Mais il n'y a pas grand-chose à faire.

3   À Londres, il y a plein de choses à faire.

Qu'est-ce que tu aimes faire?

4   Oh, j'aime aller au théâtre et au cinéma, j'aime faire les magasins, et puis il y a des parcs, des clubs de sport ...

J'aimerais habiter en ville.

5   Oui, c'est bien, mais notre appartement est très petit et on n'a pas de jardin.

Moi j'habite une ferme. On a beaucoup d'espace.

6   Tu as de la chance.

Exercise 1.6 Vacances à la montagne

Ça s'est bien passé, les vacances?

1   Oh oui, nous avons passé huit jours dans les Alpes.

C'était la première fois que tu faisais du ski?

2   Mais non. On y va tous les ans.

La neige était bonne?

3   Oui, très bonne.

Tu skies bien?

4   Pas mal, mais mon père skie mieux que moi.

Et ta mère?

5   Elle adore le ski, mais elle pense que c'est dangereux.

Exercise 1.7 À la gare

Je peux vous aider?

1   Un aller-retour pour Bordeaux, s'il vous plaît.

Deuxième classe?

2   Oui, deuxième classe. C'est combien?

Vingt-trois euros.

3   Voilà. Le prochain train part à quelle heure?

Vous avez un train à onze heures dix.

4   C'est direct?

Non, il faut changer à Poitiers.

5   C'est quel quai?

Quai numéro trois.

6   Où est la consigne?

C'est là-bas, à côté du buffet.

7   Merci Monsieur.

Exercise 1.8 Dans le train

Vous avez beaucoup de bagages là.

1   Eh oui. Est-ce que cette place est libre?

Oui, c'est libre. Vous êtes en vacances?

2   Oui, je vais chez mes cousins à Biarritz.

Vous n'êtes pas français, je crois?

3   Non, je suis anglais. Vous connaissez l'Angleterre?

Pas très bien. Je suis allée une fois à Londres.

4   J'habite un petit village dans le sud-ouest de l'Angleterre.

Il pleut beaucoup là-bas?

5   En hiver oui, mais il fait très beau en été.

Vous aimez la France?

6   Oh oui, je viens en France tous les ans.

Et vous voyagez toujours par le train?

7   Oui, je prends le bateau et le train. L'avion est beaucoup trop cher.

Exercise 1.9 Au téléphone

Bonjour Julien, c'est Sylvie.

1   Salut Sylvie, ça va?

Pas mal, et toi?

2   Très bien merci. Tu es libre samedi?

Oui, pourquoi?

3   J'ai des billets pour le match.

Chouette!

4   Tu veux venir?

Mais bien sûr. Il commence à quelle heure?

5   À trois heures.

Je viens chez toi vers deux heures alors.

6   D'accord. À samedi.

Oui c'est ça. À samedi. Au revoir!

Exercise 1.10 Dans la rue

Excusez-moi, pour aller au château, s'il vous plaît?

1   C'est assez loin. Il faut prendre le bus.

Où est l'arrêt?

2   Là-bas, devant la pharmacie.

Merci. Et est-ce qu'il y a un bureau de poste près d'ici? J'ai besoin de timbres.

3   Il y a un tabac juste en face.

Ils vendent des timbres?

4   Oui, bien sûr.

Merci beaucoup.

5   Je vous en prie.

Exercise 1.11 À la banque

Je peux vous aider?

1   Je voudrais changer de l'argent, s'il vous plaît.

Oui, bien sûr. Combien voulez-vous changer?

2   Deux cents livres sterling.

Vous avez une pièce d'identité?

3 Vous voulez voir mon passeport?

Oui, s'il vous plaît.

4 Ah non! Je n'ai pas mon passeport sur moi. Je pense qu'il est à l'hôtel.

Sans pièce d'identité vous ne pouvez pas changer d'argent.

5 Alors, je dois retourner à l'hôtel. Vous fermez à quelle heure?

À quatre heures.

6 Merci monsieur.

Exercise 1.12 **Au café**

On s'asseoit en terrasse?

1 Oui, si tu veux. Il y a une table dans le coin là-bas.

Je prends un coca, et toi?

2 Je préfère un café. J'ai un peu froid.

Tu as faim?

3 Oui. Qu'est-ce qu'il y a à manger?

Regardons la carte. Je prends un croque-monsieur.

4 C'est quoi, ça?

C'est un sandwich grillé avec du fromage et du jambon.

5 Très bien. Je prends la même chose.

Bon, je vais commander. Monsieur!

Exercise 1.13 **Au restaurant**

Vous avez choisi?

1 Quel est le plat du jour?

Le plat du jour, c'est le coq au vin.

2 Bien. Alors, deux menus à dix euros, s'il vous plaît.

Qu'est-ce que vous prenez comme entrée?

3 Le pâté pour moi, et les crudités pour ma mère.

Vous voulez boire quelque chose?

4 Une bouteille de beaujolais et de l'eau minérale, s'il vous plaît.

Très bien. Bon appétit!

5 Excusez-moi, mais cette fourchette est un peu sale.

Oh, je suis désolé. Je vais la changer tout de suite.

Exercise 1.14 Au bureau des objets trouvés

Je peux vous aider?

1   Oui, j'espère. Je cherche mon sac de sport.

Comment est-il?

2   Il est noir et blanc avec Nike marqué dessus.

Quand l'avez-vous perdu?

3   Hier soir, à la gare routière.

Qu'est-ce qu'il y a dedans?

4   Une serviette blanche et un maillot de bain vert.

Rien d'autre?

5   Ah oui, un pull bleu marine.

Je pense qu'on l'a trouvé. C'est celui-ci?

6   Oui. Merci beaucoup.

Vous avez de la chance.

Exercise 1.15 Chez le médecin

Bonjour Mademoiselle, qu'est-ce qui ne va pas?

1   Bonjour docteur. J'ai très mal à la gorge.

Depuis combien de temps?

2   Depuis hier.

Vous avez pris des médicaments?

3   Non, rien.

Vous avez mal à la tête aussi?

4   Un peu, et j'ai très chaud.

Je vais vous examiner.

5   C'est la grippe, docteur?

Oui, en effet. Vous devez rester au lit un jour ou deux.

6   Je dois prendre quelque chose?

Oui. Voici une ordonnance. Rentrez tout de suite.

7   Merci beaucoup docteur.

Exercise 1.16 Je suis malade

Tu veux aller en ville?

1   Non, je vais rester à la maison.

Pourquoi? Ça ne va pas?

2   Je ne me sens pas très bien.

Qu'est-ce que tu as?

3   J'ai mal au ventre.

Qu'est-ce que tu as mangé?

4   J'ai mangé des fruits de mer hier soir.

Tu devrais prendre quelque chose.

5   Oui. Tu peux aller à la pharmacie pour moi?

Bien sûr. J'y vais tout de suite.

Exercise 1.17 À l'école

Quel est ton premier cours aujourd hui?

1   J'ai un cours de géo. Et toi?

J'ai maths. C'est vachement difficile.

2   Moi, je suis assez fort en maths.

Tu as un bon prof?

3   Il est un peu ennuyeux. Je préfère Monsieur Martin, mon prof d'histoire.

Ah oui. Il est très drôle.

4   Qu'est-ce que tu fais après l'école? Tu viens au parc?

J'aimerais bien, mais j'ai beaucoup trop de devoirs.

5   Tu travailles trop dur!

Ça sonne! À bientôt!

6   Oui. Bonne journée.

Exercise 1.18 Chez un correspondant (a)

Tu as fait bon voyage?

1   Oui merci. La mer était calme, heureusement!

Tu n'es pas fatigué?

2   Pas trop. On peut dormir un peu dans le bateau.

C'est ta première visite en France?

3   Non, la dernière fois j'étais avec mes parents.

Où êtes-vous allés?

4   On a loué un gîte en Bretagne.

Ça t'a plu?

5   Oui, énormément. C'était amusant!

Bon. Je vais te montrer ta chambre.

6   Tu as une très belle maison.

Merci. Je peux te donner un coup de main avec ta valise?

7   Non, ça va. Elle n'est pas trop lourde.

D'accord. Tu veux téléphoner à tes parents?

8   Oui, s'il te plaît.

Exercise 1.19 Chez un correspondant (b)

À table!

1   Miam, ça sent bon.

Bon appétit, tout le monde. Servez-vous!

2   J'ai faim.

Tu aimes les moules?

3   Je ne sais pas. Je ne mange jamais de moules.

Essaie alors. C'est très bon.

4   Ah oui, c'est vraiment délicieux.

Tu en veux encore?

5   Oui, je veux bien.

La cuisine française te plaît?

6   Oui, j'adore la cuisine française.

Prepared topics

The following are transcripts of the audio forming the second part of each exercise. Pupils' answers may vary.

Exercise 2.1 Daily routine and work at school

Teacher-examiner questions:

- Tu joues d'un instrument de musique?
- Où se trouve ton école?
- C'est une école mixte?
- Est-ce que tu portes un uniforme scolaire?
- Quels vêtements est-ce que tu portes à l'école?

Exercise 2.2 Holiday activities

Teacher-examiner questions:

- Combien de temps vas-tu passer en vacances?
- Comment vas-tu voyager?
- Quel temps fait-il là où tu vas?
- Quels pays as-tu visité?

Exercise 2.3 Where you live

Teacher-examiner questions:

- Comment est ta chambre?
- Qu'est-ce qu'il y a dans le salon?
- Qu'est-ce que tu fais à la maison pour aider tes parents?
- Qu'est-ce que tu n'aimes pas faire à la maison?
- Qui fait la cuisine chez toi, normalement?

Exercise 2.4 Your town

Teacher-examiner questions:

- Tu habites près du centre-ville?
- Comment vas-tu en ville?
- Qu'est-ce que tu fais de ton argent de poche?

Exercise 2.5 Your family

Teacher-examiner questions:

- Que fait ton père comme métier?

- Que fait ta mère?

- Qu'est-ce que tu fais pendant les vacances de Noël?

- Comment est-ce que tu fêtes Noël?

Exercise 2.6 Free time

Teacher-examiner questions:

- Tu fais partie d'une équipe?

- Tu regardes souvent la télévision?

- Quelles émissions préfères-tu?

2 Listening

The following are transcripts of the audio, and the answers for each exercise. Candidates are awarded one mark for each correct answer.

Exercise 3.1

1 Oh! Il est huit heures et demie! J'ai un cours d'anglais!

(c)

2 À midi, pour le déjeuner, je rentre chez moi.

(a)

3 Ce matin j'ai fait une heure de natation.

(c)

4 Pendant la récré, je discute avec mes amis.

(c)

5 Ma copine Jacqueline déteste la musique mais elle est très sportive.

(a)

Exercise 3.2

1 Je crois qu'il va pleuvoir tout à l'heure.

(c)

2 Ce matin, il faut que j'arrive au bureau avant huit heures!

(c)

3 Pour aller en vacances cette année, on va prendre le car.

(b)

4 Samedi on va assister à un concert.

(b)

5 Il y avait beaucoup de monde à la station ce matin: on avait annulé un train.

(c)

Exercise 3.3

1 Moi, je préfère traverser la Manche en bateau.

(b)

2 Tous les soirs j'ai deux heures de devoirs – c'est fatigant!

(b)

3 En rentrant de l'école, ma sœur aime prendre une douche.

(a)

4 Mon frère et nos cousins se retrouvent tous les samedis pour jouer au foot.

(c)

5 En vacances, je préfère faire de l'alpinisme.

(c)

Exercise 3.4

1 Demain on va faire du bateau s'il ne fait pas trop chaud.

(a)

2 Après la randonnée à cheval, j'avais très soif.

(c)

3 Jules, c'est mon petit cousin. Il a neuf ans. Je vais l'emmener faire du patin sur glace cet après-midi.

(b)

4 Marie-Claire voulait découper une photo d'un magazine, mais je n'ai pas pu l'aider.

(c)

5 Alors, tu es prête? On t'attend depuis vingt minutes! Dépêche-toi!

(c)

Exercise 3.5

1 En arrivant à la gare, j'ai consulté l'horaire.

(c)

2 N'oublions pas ton cours de trompette! Il faut absolument que tu arrives avant dix heures!

(c)

3 J'ai enfin retrouvé mes tennis, dans le placard de la chambre de ma sœur.

(c)

4 Les chaussettes que tu as choisies sont affreuses!

(c)

5 Non, le stylo n'était pas cher, mais treize euros pour une trousse, c'est trop.

(a)

Exercise 3.6

1 Pour fêter mes treize ans, on est allés au théâtre.

(b)

2 La dinde est prête, on va manger!

(a)

3 Quand le facteur apporte le courrier, je suis déçue s'il n'y a rien pour moi.

(b)

4 Monsieur Perrot? Ah oui, je l'ai vu passer devant le café jeudi soir.

(a)

5 J'ai demandé à Philippe d'apporter quelque chose pour couper le pain.

(a)

Exercise 4.1 On prépare un pique-nique

Boy   Qu'est-ce qu'on fait aujourd'hui?

Girl   Il fait très beau. Si on faisait un pique-nique?

Boy   Bonne idée. On va où?

Girl   Si on allait à la rivière?

Boy   D'accord. On peut louer des bateaux.

Girl   Il faut faire des courses d'abord.

Boy   Qu'est-ce qu'on va acheter?

Girl   Du saucisson, du pâté, du fromage …

Boy   N'oublie pas le pain.

Girl   Bien sûr. Tu veux des pêches?

Boy   Oh oui, j'adore les pêches.

Girl   Bon, je vais chercher le panier.

Boy   Il est dans la cuisine, je crois.

1 The girl suggests having a picnic by the *river*.

2 The boy suggests hiring some *boats* there.

3   The pupil should have identified:

Cooked sausage

Pâté

Cheese

Bread

Peaches

Exercise 4.2 À la boulangerie

Girl   Vous désirez?

Boy   Je voudrais deux baguettes, s'il vous plaît.

Girl   Voilà. C'est tout?

Boy   Vous avez des pains au chocolat?

Girl   Il en reste trois.

Boy   Très bien. Je les prends.

Girl   Voilà.

Boy   C'est combien la tarte aux pommes?

Girl   Cinq euros.

Boy   Je la prends aussi. Je vous dois combien?

Girl   Voyons. Ça fait six euros cinquante.

Boy   J'ai seulement un billet de vingt euros.

Girl   Ce n'est pas un problème.

1   The customer buys two *baguettes*.

2   The customer buys *three* chocolate rolls.

3   The apple tart costs *five* euros.

4   The total cost is *six* euros and *fifty* cents.

Exercise 4.3 Au restaurant

Girl   Qu'est-ce qu'on prend comme dessert?

Boy   Je ne sais pas. Regardons la carte.

Girl   Voyons ... Coupe liégeoise, ça a l'air délicieux.

Boy   C'est quoi ça?

Girl   Glace au café, noisettes, sauce au chocolat, crème chantilly.

Boy   Pas pour moi merci. Je n'aime pas la crème.

Girl   Prends la tarte aux pommes, alors.

Boy   Bonne idée. Je prends la tarte.

1 The pupil should have identified:

Coffee ice cream

Hazelnuts

Chocolate sauce

Whipped cream

2 The boy does not have coupe liégeoise because he doesn't like *cream*.

3 The boy orders *apple tart* instead.

Exercise 5.1 Au syndicat d'initiative

Man Je peux vous aider?

Girl Oui, avez-vous des renseignements sur la région?

Man Oui, bien sûr. Voici des brochures.

Girl Vous avez un plan de la ville?

Man Voici un plan du centre-ville avec tous les monuments principaux.

Girl Qu'est-ce qu'il y a comme distractions?

Man Il y a le château, il y a un très beau musée, puis il y a la piscine en plein air.

Girl Le château est ouvert tous les jours?

Man Oui, sauf le lundi.

Girl Il ouvre à quelle heure?

Man À dix heures, jusqu'à cinq heures et demie.

Girl C'est gratuit, l'entrée?

Man Ah non. C'est huit euros pour les adultes et demi-tarif pour les moins de quinze ans.

Girl C'est un peu cher.

Man Mais non, pas du tout. La visite dure au moins deux heures et il y a beaucoup de choses à voir.

1 *True*

2 *True*

3 *False*

4 *False*

5 *True*

Exercise 5.2 À la gare

Boy Bonjour Mademoiselle.

Girl Bonjour Monsieur, je voudrais voyager demain à Toulouse.

Boy Il y a plusieurs trains. À quelle heure est-ce que vous voulez partir?

Girl	Je préfère le matin, mais pas trop tôt!
Boy	Vous avez un train à dix heures vingt, arrivée à Toulouse à treize heures.
Girl	Parfait. Il faut changer?
Boy	Non, c'est direct.
Girl	Est-ce que je dois réserver?
Boy	Oui, c'est préférable.
Girl	Alors, je voudrais réserver une place dans un compartiment non-fumeurs, s'il vous plaît.

1 *False*

2 *True*

3 *True*

4 *False*

5 *False*

Exercise 5.3 Au téléphone

Boy	Allô!
Girl	Bonjour Jean-Marc, c'est Anne.
Boy	Salut Anne, ça va?
Girl	Très bien, merci.
Boy	Quand est-ce que tu arrives à Nice?
Girl	Demain.
Boy	À quelle heure?
Girl	Mon train arrive à Nice à dix-huit heures trente.
Boy	Je viens te chercher à la gare alors?
Girl	Je peux prendre un taxi.
Boy	Mais non! Je t'attends devant la sortie.
Girl	C'est gentil. À demain alors.
Boy	Oui, à demain. Et bon voyage!

1 *True*

2 *False*

3 *False*

4 *True*

Exercise 6.1 On achète des glaces

Girl	Vous désirez?
Boy	Je voudrais deux glaces, s'il vous plaît.

Girl   Quel parfum?

Boy   Qu'est-ce que vous avez?

Girl   Vanille, fraise, chocolat, café.

Boy   Vous n'avez pas de pistache?

Girl   Désolée, je n'en ai plus.

Boy   Alors, je prends une glace à la fraise pour moi et une glace au chocolat pour mon ami.

Girl   Deux simples?

Boy   Non, doubles, s'il vous plaît.

Girl   Voilà. Ça fait trois euros.

Boy   Merci. Oh zut! Je n'ai pas assez d'argent!

  1   (c)

  2   (b)

  3   (a)

  4   (b)

  5   (d)

Exercise 6.2 On va en ville

Girl   Qu'est-ce qu'on va faire cet après-midi?

Boy   Si on allait à la piscine?

Girl   Ah non, pas ça.

Boy   Pourquoi pas? Tu n'aimes pas nager?

Girl   Si, mais il fait trop froid.

Boy   Qu'est-ce qu'on fait alors?

Girl   Tu veux aller en ville?

Boy   D'accord. Je dois acheter un cadeau d'anniversaire pour mon frère.

Girl   On prend le bus?

Boy   Oui, il y a un bus à une heure quinze.

Girl   Alors, rendez-vous à l'arrêt d'autobus.

Boy   Oui. À tout à l'heure!

  1   (b)

  2   (a)

  3   (a)

  4   (c)

Exercise 6.3 Au cinéma

Boy   Bonsoir.

Girl   Le film commence à quelle heure, s'il vous plaît?

Boy   Il y a une séance à quinze heures et une autre à dix-huit heures trente.

Girl   La séance de quinze heures finit quand?

Boy   À dix-sept heures vingt.

Girl   Alors deux places, s'il vous plaît. C'est combien?

Boy   Vous avez moins de seize ans tous les deux?

Girl   Oui, j'ai quinze ans et mon frère a treize ans.

Boy   Ça fait huit euros alors.

Girl   J'ai seulement un billet de vingt euros. Vous avez la monnaie?

Boy   Oui, bien sûr.

Girl   Où sont les toilettes, s'il vous plaît?

Boy   Juste là-bas.

Girl   Merci beaucoup.

  1   (c)

  2   (b)

  3   (c)

  4   (a)

  5   (d)

Exercise 7.1 À l'hôtel

Girl   Je peux vous aider?

Boy   Bonjour Madame. Nous avons réservé deux chambres pour ce soir.

Girl   C'est pour la famille Duclos?

Boy   Oui c'est ça.

Girl   C'est pour quatre nuits?

Boy   Non Madame. C'est pour trois nuits.

Girl   Ah oui, pardon. Vous avez les chambres trente-deux et trente-trois.

Boy   C'est à quel étage?

Girl   Au troisième. Vous avez une belle vue sur la mer.

Boy   Il y a un ascenseur?

Girl   Juste derrière vous.

Boy   Le petit déjeuner est servi à quelle heure?

Girl	À partir de sept heures.
Boy	La salle à manger est au rez-de-chaussée?
Girl	Oui, au bout du couloir là-bas.

1 *M. Duclos has booked three nights.*

2 *His family have been given rooms 32 and 33.*

3 *These rooms are on the third floor.*

4 *These rooms have a nice view of the sea.*

5 *The lift is just behind them.*

6 *Breakfast is served from 7 o'clock.*

7 *The dining-room is at the end of the corridor.*

Exercise 7.2 À la plage

Boy	Ouf, j'ai chaud.
Girl	Tu veux une glace?
Boy	Oui, je veux bien.
Girl	Il y a un kiosque là-bas.
Boy	Attends, j'ai perdu mon porte-monnaie.
Girl	Tu l'as peut-être laissé à l'hôtel.
Boy	Non, je suis sûr que je l'ai apporté à la plage.
Girl	Le voilà sous ta serviette!
Boy	Ah merci. Que je suis bête!
Girl	Bon. Allons acheter des glaces!
Boy	Reste là. Je vais les chercher.

1 *The boy says he is hot.*

2 *The boy has lost his wallet.*

3 *She suggests he may have left it at the hotel.*

4 *She sees it under his towel.*

5 *The boy buys the ice creams.*

Exercise 7.3 Au téléphone

Girl	Allô.
Boy	Bonjour Madame, c'est Julien à l'appareil.
Girl	Ah bonjour Julien, comment vas-tu?
Boy	Je vais très bien, merci. Est-ce que Sylvie est là?
Girl	Non, elle vient de sortir.

Boy	Vous savez quand elle va rentrer?
Girl	Je ne sais pas. Tu veux laisser un message?
Boy	Oui, s'il vous plaît. J'ai deux billets pour le match de samedi après-midi.
Girl	Tu as de la chance!
Boy	Oui, j'espère qu'elle peut venir avec moi.
Girl	Elle peut te rappeler ce soir?
Boy	Oui, je reste chez moi ce soir. J'ai beaucoup de devoirs, hélas.
Girl	Allez, à bientôt!
Boy	Au revoir Madame, merci.

1 *Sylvie has gone out.*

2 *Sylvie's mother doesn't know when she will be back.*

3 *Julien has two tickets for the match on Saturday afternoon.*

4 *Sylvie can ring him this evening.*

5 *Julien is staying in as he has a lot of homework.*

Exercise 7.4 Une Française à Londres

Girl	Pardon, vous parlez français?
Boy	Oui, je parle français.
Girl	Vous savez où se trouve l'Hôtel Royal?
Boy	Je suis désolé, je ne sais pas.
Girl	C'est dans St Martin's Street, je crois.
Boy	Ah oui, je connais cette rue.
Girl	C'est loin?
Boy	Non, non, continuez tout droit jusqu'aux feux. C'est la deuxième rue à droite.
Girl	Je vous remercie.

1 *The girl first asks 'Do you speak French?'*

2 *The boy does not know where the Hôtel Royal is.*

3 *The boy does know where St Martin's Street is.*

4 *The boy tells her to go straight ahead to the lights, and take the second street on the right.*

Exercise 7.5 Au restaurant

Girl	C'était très bon.
Boy	Oui, c'était vraiment délicieux.
Girl	Je vais demander l'addition.
Boy	Le service est compris?

Girl	Non, je ne crois pas. Il faut laisser un pourboire.
Boy	Tu as de la monnaie?
Girl	Attends, je vais voir.
Boy	Oh regarde! C'est marqué « service compris ».
Girl	Tant mieux.

1 *The girl is about to ask for the bill.*

2 *They discuss whether service is included in the bill. They find that it is.*

Exercise 7.6 On choisit un cadeau

Girl	Je peux vous aider?
Boy	Oui, je cherche un cadeau pour ma mère.
Girl	Qu'est-ce que vous voulez lui offrir?
Boy	Je ne sais pas. Je n'ai pas beaucoup d'argent.
Girl	Un foulard peut-être?
Boy	Je peux voir le foulard bleu là-bas?
Girl	Oui, bien sûr. Il est joli, n'est-ce pas?
Boy	Oui, et en plus ma mère adore le bleu. C'est combien?
Girl	Cinquante euros. C'est en soie.
Boy	C'est un peu cher. Vous avez quelque chose de mois cher?
Girl	Celui-ci peut-être? Il coûte vingt-cinq euros.
Boy	Parfait. Je le prends.

1 *The boy is looking for a present for his mother.*

2 *The boy first looks at a blue scarf.*

3 *His mother loves blue.*

4 *The scarf costs 50 euros.*

5 *It is expensive because it is made of silk.*

6 *The boy pays 25 euros for another scarf.*

3 Reading

The following are the answers for each exercise. Candidates are awarded one mark for each correct answer.

Exercise 8.1

Bon, normalement, le *matin* je vais à l'école en *voiture* avec papa. Il conduit assez vite. Il a beaucoup de *route* à faire, et on quitte toujours la *maison* en retard. Au collège cette année je suis en sixième, donc on a deux heures d'*anglais* par semaine.

Moi j'aime ça, car je suis *fort* en langues. Le mardi on a cinq cours, dont maths, chimie, anglais, *latin* et histoire-géo.

On *mange* assez bien à la cantine, il y a toujours quelque chose que j'aime et on peut choisir. Mon *prof* de latin est très aimable, mais je n'aime pas mon prof de musique: il nous fait *travailler*!

Exercise 8.2

1 Patrick

2 Stéphane

3 Patrick

4 Magali

5 Marianne

6 Marianne

7 Patrick

8 Patrick

9 Magali

10 Stéphane

Exercise 8.3

1 (d)

2 (a)

3 (b)

4 (f)

5 (e)

Exercise 8.4

D'habitude, je *passe* le week-end à faire des activités sportives en plein air. Quand il fait beau, je déteste *rester* à l'intérieur. Je joue *souvent* avec mes deux *petits* frères, qui ont six et quatre ans.

S'il pleut on fait des *jeux* de société ou on regarde un DVD dans le *salon*. Je suis fanatique de dessins animés: mon père me dit que je suis toujours un bébé mais ça m'est égal!

Quelquefois j'aide ma mère à préparer le déjeuner. Elle ne refuse *jamais* un coup de main, parce qu'il y a toujours beaucoup de *monde* à table le dimanche. Mes cousins habitent tout *près* et ils viennent manger chez nous. On va chez *eux* le samedi soir.

Exercise 8.5

1 *Natacha's correspondent is a boy.*

2 *She likes sand-yachting, horses, clothes and tennis.*

3 *Her worst subject is maths.*

4 *She suggests that Roland-Garros is the French equivalent of Wimbledon.*

5 *Last year her father took her to see the tennis at Roland-Garros.*

6 *She says it was superb, much better than seeing it on television.*

7 *Natacha was surprised that her correspondent does not like dogs.*

8 *He thinks she is tone-deaf because she cannot understand music theory.*

9 *Villeneuve-le-Roi is in the suburbs of Paris.*

10 *She gets to school by bus and métro.*

Exercise 8.6

Ma destination *préférée* de vacances, c'est l'Italie. On y est *allés* l'année dernière et c'était épatant. J'ai des amis qui *pensent* que visiter les monuments historiques, c'est nul. Moi, ça m'intéresse beaucoup. On est allés à Rome, la capitale italienne, où j'ai pris des centaines de *photos* avec mon appareil numérique!

On a vu le forum romain, la fontaine de Trevi et bien d'autres choses. Mais pour moi le clou du séjour, c'était le Colisée. Dire qu'on l'a construit *il y a* deux mille *ans*, c'est incroyable.

Pour nous, le problème quand on veut *aller* en vacances, c'est de trouver quelqu'un pour s'occuper des animaux. Dans ma famille on a deux chiens et un chat. Il faut les *mettre* en *pension*, et ça je trouve difficile. Si on *part* pour seulement une semaine, c'est ma grand-mère qui vient s'en occuper.

Exercise 8.7

1 *A caravan with electricity supply for one night would cost €23,00.*

2 *The family would pay €12,00 with a tent.*

3 *The toilets, basins, showers and washing machines can be used at any time.*

4 *Yes, you can have lunch at the restaurant on Wednesday as it is only closed in the evening.*

5 *There is a shop at the reception for basic general supplies.*

6 *You need to order bread from reception the day before you need it.*

7 *You are supposed to turn off your radio and television after 11 p.m.*

8 *You can play table football until 10 p.m.*

9 *There is a notice reminding dog owners to keep them on leads at all times.*

Exercise 8.8

Para 1   Welcome to Avignon

Para 2   The famous song

Para 3   A little history lesson

Exercise 8.9

1   *There is a guided tour every day.*

2   *The correct name for the Pont d'Avignon is the Pont Saint Bénézet.*

3   *There is some doubt as there is not enough room on the bridge for people to dance in a circle.*

4   *It is now thought that the dancing happened below the bridge, at an inn situated at the foot of one of the supports.*

5   *After the bridge, the tour goes along a little street up to the Palace of the Popes.*

6   *It is known as the Palace of the Popes because the Popes lived there from 1309 to 1378.*

7   *In 1791 the palace was given back to France.*

Exercise 8.10

Depuis l'*âge* de trois ans, j'habite ici à Troyes. C'est une ville historique et intéressante. Il faut absolument passer par ici si vous *êtes* dans la région de la Champagne. Ma mère est *née* ici, pourtant mon père vient de Perpignan. La maison que j'habite est vieille. On l'a construite en 1875. J'ai des amis qui *adorent* venir chez moi, surtout qu'ils habitent des quartiers où il n'y a que des pavillons modernes.

Au *premier* étage il y a trois chambres, dont la mienne et la chambre de mes parents. Je *partage* ma chambre avec mon frère Matthieu. La chambre de ma sœur est au deuxième étage, ainsi que celle de *ma* grand-mère. À côté de la chambre de *mes* parents se trouve le bureau de mon père. Mon père est notaire. Il passe beaucoup de *temps* à travailler à la maison, même le *soir*.

Exercise 8.11

1 *False*

2 *True*

3 *True*

4 *True*

5 *False*

6 *True*

7 *False*

8 *True*

9 *True*

10 *True*

Salut! Moi, j'habite un hameau à 10 kilomètres de Saintes, donc quand je suis libre, j'aime aller en ville parce qu'il n'y a pas *de* magasins là où j'habite. Je m'appelle Philippe. J'ai deux frères, Alex et Thomas, qui *ont* treize et neuf ans. Moi, j'ai quinze ans. J'adore la chanson française: c'est un style de musique uniquement français, qui mélange la musique et la poésie. À Saintes il y a beaucoup de magasins où on peut acheter des CD de ce genre. J'aime *surtout* Georges Brassens. À l'école, on nous a fait écouter sa chanson «le Petit Cheval Blanc» et j'ai tout de suite *voulu* acheter le CD. Maintenant je préfère télécharger de la musique sur l'Internet avec mon lecteur MP3. C'est plus *pratique* et moins cher.

D'habitude, je vais en ville acheter des vêtements. J'aide ma mère à la maison. Pour ça, elle *me* donne vingt euros tous les quinze jours. Ce n'est pas beaucoup, mais je lave aussi les voitures de nos voisins et je peux acheter ce qu'il me *faut* ainsi que des cadeaux de Noël. Je ne m'intéresse pas *au* sport, mais quelquefois je vais au cinéma: je me passionne pour les films d'avant-guerre en noir et *blanc*. On peut les regarder à la maison sur DVD, mais au cinéma il y a une ambiance tout à fait *spéciale*.

Exercise 8.13

1 Véronique

2 Marie-Claire

3 Marc

4 Antoinette

5 Georges

Exercise 8.14

Para 1   (c)

Para 2   (a)

Para 3   (b)

Exercise 8.15

1 *The burglar got in through the French windows from the balcony.*

2 *À l'improviste means unplanned or opportunistic.*

3 *The owner was unsure whether he had locked the French windows.*

4 *The owner now regrets having left his recent purchases in full view on the floor.*

5 *He hurried away to fetch his daughter from the airport.*

6 *Only a few local residents could be interviewed because most had gone away on holiday.*

7 *All the stolen items had something to do with music.*

Exercise 8.16

J'ai reçu trois livres. Ma tante Julie sait que j'adore *lire*, donc j'ai reçu trois livres de sa part. Ils étaient magnifiques, pleins de *photos* de chiens et de chevaux.

Nous, à la maison, on a deux chiens qui s'appellent Mézi et Chouchou. Ils sont adorables mais ils ne sont pas très intelligents! Le jour de mon anniversaire ma mère m'a *réveillée* à sept heures et demie. Si je dormais toujours, c'est que la veille j'étais allée à une boum chez ma *meilleure* amie Tochiko. On a écouté des CD et on a dansé. On a bien mangé aussi. C'était *formidable*! Tout le monde était de bonne humeur et on est restés jusqu'à une heure du matin. Ma mère ne s'inquiétait pas, parce que le père de Tochiko était *là* tout le temps, et c'est lui qui m'a reconduite à la maison en *voiture* après la boum. J'étais fatiguée mais *heureuse* le lendemain matin!

Mes parents m'attendaient pour le petit déjeuner. Ils m'ont fait la surprise quand je suis descendue, en m'offrant mon cadeau – une année d'abonnement au centre équestre de *notre* village!

Exercise 8.17

1 *The writer rang to invite his friend to come to their house and celebrate 14 July.*

2 *The barbecue is at the beginning of the evening.*

3 *The neighbours and guests provide the food.*

4 *The barbecue is held in the garden.*

5 *The writer's mother organises what will be eaten.*

6 *Dad does the outside cooking, on the barbecue.*

7 *About twenty people usually come.*

8 *Thirty-two people came this year.*

9 *Everyone helps to bring the furniture into the conservatory after the meal.*

10 *The next morning is very quiet everywhere!*

4 Writing

Level 1 exercises

Exercise 9.1

1 Tu veux aller au *restaurant*?

2 Ma sœur aime écouter de la *musique*.

3 As-tu de l'*argent*?

4 Tous les mercredis après-midi, je joue au *foot*.

5 Mes parents préparent le *petit déjeuner*.

Exercise 9.2

1 Mes copains adorent les *pique-niques*.

2 Où habites-*tu*?

3 La France est un *beau* pays.

4 Mon *frère* aime le babyfoot.

5 Mes *chats* s'appellent Milou et Fifi.

Exercise 9.3

1 Veux-tu aller à la patinoire?

2 Dans mon jardin il y a des arbres.

3 Francine fait de l'équitation.

4 Nous allons à Paris.

5 Ma sœur joue au tennis.

Exercise 9.4

1 Nous habitons une petite maison.

2 À l'école, je préfère les maths.

3 Tu aimes voyager en avion?

4 Nous jouons au foot.

5 J'adore aller à la pêche.

Exercise 9.5

1 Vers dix-sept heures.

2 De l'équitation, normalement.

3 Ça va bien, merci.

4 J'ai treize ans.

5 Non, j'ai seulement une sœur.

Exercise 9.6

1 À Fontainebleau, près de Paris.

2 Le vingt-six mars.

3 Trois chats et un poisson rouge.

4 Les romans policiers.

5 Le mardi soir, il y a un club.

Exercise 9.7

The following are examples of possible answers only.

1 Le mercredi je joue au rugby avec mes copains.

2 Mon père voyage souvent en avion.

3 Mon restaurant préféré s'appelle Le Café Rouge.

4 À l'école, je préfère la géographie.

5 Ma sœur aime les jeux vidéo.

Exercise 9.8

The following are examples of possible answers only.

1 Le week-end je joue de la guitare.

2 Nous faisons une promenade tous les dimanches.

3 Mon cousin adore le sport.

4 Le soir, ma mère ne regarde pas la télé – elle préfère lire un roman.

5 J'ai une heure de devoirs tous les soirs.

Level 1 section 3 exercises

The following are examples of possible answers only.

Exercise 10.1

Je m'appelle Daniel. J'ai treize ans. Je vais à l'école en voiture avec ma mère et ma sœur. Ma matière préférée est le dessin. Je n'aime pas le sport.

Exercise 10.2

Je m'appelle Suzanne. J'habite à Oxford avec ma famille. Nous sommes quatre: mon père, ma mère, mon frère Daniel et moi. J'ai un chat qui s'appelle Safran.

Exercise 10.3

Le week-end nous allons au restaurant en ville. J'adore les pizzas et les frites. Ma sœur préfère la cuisine indienne. Papa boit de l'eau; ma sœur et moi, nous buvons du coca.

Exercise 10.4

J'habite à Oxford en Angleterre. C'est une grande ville touristique et historique. Il y a l'université aussi. En ville il y a beaucoup de magasins. Mais la région est aussi agricole.

Exercise 10.5

Après les cours, j'aime promener mes chiens. Quand il pleut, je joue à des jeux vidéo, ou je regarde la télé. Le week-end, en été, j'aime faire un pique-nique avec ma famille ou mes amis.

Exercise 10.6

D'habitude, nous allons au bord de la mer. Je me baigne dans la mer ou je joue au tennis avec mes frères. Le soir nous allons au restaurant, ou nous faisons un barbecue à la plage.

Exercise 10.7

J'habite près de Londres dans une petite maison. Le matin, je prépare le petit déjeuner avec ma mère. Je vais à l'école en bus et d'habitude j'arrive à 8 h 10. Je rentre à la maison à 17 h. Je fais mes devoirs. Je me couche à 20 h 30.

Level 2 and Level 1 section 2 exercises

Exercise 11.1

1 Mon père, qui s'appelle Jules, adore visiter les monuments historiques.

2 Aujourd'hui je veux jouer dehors, mais il pleut.

3 J'aime les sciences, mais ma matière préférée, c'est les maths.

4 À la maison, mon frère m'aide avec mes devoirs de français.

5 Avant de sortir le samedi soir, nous mangeons une pizza.

Exercise 11.2

1 Le week-end prochain, je vais faire une promenade avec mon chien.

2 Ma mère ne voyage pas souvent en avion; elle préfère le train.

3 Quand il fait beau, mon frère lit un livre dans le jardin.

4 Natalie fait beaucoup de sport au collège; elle préfère la natation.

5 Le mercredi après-midi, j'ai un cours de musique en ville.

Exercise 11.3

1 Mon cousin apprend à jouer aux échecs avec mon oncle.

2 J'adore le tennis de table – je suis plus fort que mon père!

3 Maman prépare le dîner mais c'est mon père qui fait la salade.

4 Le soir, nous écoutons de la musique avant de nous coucher.

5 J'aime l'art dramatique, mais c'est assez difficile!

Exercise 11.4

1 Cette année, nous allons regarder le Tour de France à la télé.

2 Tous les dimanches, en été, nous faisons un pique-nique s'il fait beau.

3 Le métro de Paris est assez confortable et très pratique.

4 Ma sœur fait de l'équitation: elle veut acheter un cheval!

5 Après le dîner mon père lit un conte à mon frère et ma sœur.

Exercise 11.5

1 J'aime voir des films, mais il n'y a pas de cinéma près d'ici.

2 Les fruits et les légumes que nous achetons au marché sont très bons.

3 Mon père n'aime pas la télé: il préfère lire un roman policier.

4 Le pain de notre boulangerie est vraiment délicieux.

5 Quand ma sœur fait ses devoirs, elle écoute de la musique.

Exercise 11.6

1 Mon frère fête ses dix-huit ans ce soir: on va danser dans le jardin.

2 Nous fêtons le 5 novembre en Angleterre avec des feux d'artifice.

3 J'aime aider mes parents à préparer le déjeuner du samedi.

4 Pour aider à la maison, ma sœur sort les poubelles; moi, je passe l'aspirateur.

5 En vacances, ma mère aime visiter des cathédrales, mais je trouve ça ennuyeux.

Level 2 question 2 exercises

The following are examples of suggested answers only; the range of possibilities in such an exercise is as extensive as the number of individuals sitting the examination. However, each suggested answer seeks to address all the requirements of the question within the permitted number of words.

Exercise 12.1

Aizenay, le 16 mars

Chère Madame,

J'espère que vous allez bien. Moi, ça va très bien. Je vais tous les jours au collège Saint-Jacques avec Philippe.

J'aime son école, et j'ai beaucoup de nouveaux amis. Ici, on ne fait pas beaucoup de sport – seulement deux heures par semaine. J'aime le handball; c'est nouveau pour moi. Les cours sont très intéressants. Je trouve l'anglais très facile! Malheureusement, j'ai besoin d'un dictionnaire pour les cours de français. Je vais demander à la mère de Philippe, pour demain.

Dans dix minutes c'est l'heure du déjeuner et on mange bien ici à la cantine. Aujourd'hui il y a des escalopes de dinde à la crème! J'adore ça! Je rentre en Angleterre mardi prochain. C'est dommage; je m'amuse beaucoup ici!

À bientôt,

Cordialement,

(...)

Exercise 12.2

Avignon, le 15 août

Cher Xavier, chère Monique,

Merci de la lettre, que j'ai reçue avant de partir! Je suis ravi(e) de recevoir de vos nouvelles. En ce moment, je suis à Avignon avec mes parents et ma sœur. Maman et papa adorent la musique classique, et il y a un grand festival ici: ce soir nous allons à l'opéra! C'est une ville historique: il y a beaucoup de petites rues intéressantes. Nous mangeons bien à l'hôtel, où il y a une belle piscine. Aller au pont Saint-Bénézet, c'était formidable. Nous mangeons au restaurant italien ce soir: toute la famille aime les pâtes et on peut manger dehors.

Il fait très, très chaud mais le soir il fait frais et agréable. J'ai un problème – ici mon téléphone ne marche pas, mais je rentre dans une semaine.

À bientôt, j'espère,

Bisous,

(...)

Exercise 12.3

Londres, le 12 mars

Salut Marc,

Comment vas-tu? Moi, ça va. Je suis au McDo à Londres avec mes copains – c'est mon premier jour en Angleterre après les vacances et il pleut! Alors je t'écris un email.

Je n'aime pas le car, mais aujourd'hui il n'y a pas beaucoup de circulation et c'est moins cher que le train. Je fais les magasins avec Josh, Ed et Stan. Nous achetons des vêtements – un pull pour moi et Josh, un jean pour Ed, et Stan cherche des baskets. À la maison, on n'a pas d'Internet en ce moment – je ne sais pas pourquoi – mais ici il y a le wi-fi gratuit, donc tu dois recevoir ce message!

Dis bonjour à tes parents,

Amitiés,

(…)

Exercise 12.4

Oxford, le 3 octobre

Chère Marie-Claire,

J'espère que tu vas bien. Je viens de faire une promenade en ville avec ma mère et Coco, notre petit chien. En ville il y a des jardins publics, et en automne j'adore regarder les feuilles qui changent de couleur et qui tombent par terre. Demain c'est dimanche. D'habitude je me lève à 7 h, mais le dimanche je fais la grasse matinée parce que le samedi soir j'ai le droit de me coucher tard! Le matin je fais mes devoirs, et l'après-midi j'aide mon père dans le potager.

Je veux acheter un ballon de foot pour l'anniversaire de mon petit frère, mais je ne reçois pas beaucoup d'argent de poche. Est-ce que tes parents te donnent de l'argent? Après-demain j'ai une heure de netball. Je déteste le sport!

Écris-moi vite,

Affectueusement,

(…)

Exercise 12.5

Mercredi 4 juin

Aujourd'hui j'écris mon journal en français! C'est le premier jour où il a fait vraiment chaud. Il y avait du soleil et il a fait 28° à l'ombre. J'adore l'été. Vivement les vacances!

Ce matin en classe nous avons fait des révisions, parce que dans une semaine c'est les examens. J'ai des difficultés en maths mais le français, ça va. Après la pause on a joué au basketball et j'ai marqué deux paniers!

Ce soir papa a fait un barbecue et maman a préparé de grandes salades. C'était pour fêter l'anniversaire de Caroline et nous avons invité nos amis du collège. Après avoir mangé, tout le monde a dansé. C'était trop bien!

Maintenant je vais me coucher. Il est 23 h 45. Bonne nuit!

Exercise 12.6

Vitry-le-François, le 16 juillet

Cher Jean-Luc,

J'espère que tu vas bien. Je suis au camping La Peupleraie à Vitry avec mes parents. C'est un grand camping avec beaucoup de tentes et de caravanes, mais aussi pas mal de camping-cars. Il y a des distractions pour tout le monde – des animations et des jeux organisés pour les enfants – et une pizzeria sur place. Il y a une belle piscine aussi. Il fait assez chaud et hier il a fait de l'orage. Heureusement, il ne pleut plus et aujourd'hui il fait beau! Nous sommes arrivés lundi dernier et le camping est très agréable. Nos voisins sont très gentils mais un peu bruyants le soir!

Demain je vais faire de la voile au port.

Amitiés,

(...)

Exercise 12.7

Londres, le 3 mai

Madame, Monsieur,

Je voudrais réserver des chambres pour ma famille et moi. Nous espérons passer quinze jours dans le sud, dont quatre nuits chez vous à Annecy, du 7 au 11 juillet.

Il nous faut trois chambres: une chambre un grand lit pour mes parents, et deux chambres individuelles pour moi et ma sœur; toutes les chambres avec salle de bain ou douche.

Merci de nous envoyer les prix des chambres, ainsi qu'un exemplaire de la carte du restaurant: ma sœur ne mange pas de poisson et mon père n'aime pas les fruits de mer. Ma mère est végétarienne.

S'il vous plaît, réservez les chambres au nom de M. G. Fawkes.

Dans l'attente d'une réponse de votre part,

Cordialement,

(...)

Exercise 12.8

Salut Amélie!

J'espère qu'il ne fait pas trop froid à Paris! Moi, je passe huit jours (avec maman, papa et Daniel, bien sûr) à l'hôtel La Farandole près de Bandol. C'est un hôtel de luxe! C'est super chouette: on a presque les pieds dans l'eau et une vue magnifique sur la baie. Hier soir, on a mangé au restaurant de l'hôtel. C'était fantastique; j'ai goûté des huîtres pour la première fois. Tu aimes les huîtres? Moi, non! Mais les desserts sont incroyables! Je t'envoie une photo.

Il y a du soleil, mais il ne fait pas trop chaud. On fait souvent une promenade en ville, où il y a des tas de boutiques de mode, et on peut nager dans la mer. Demain je vais jouer au tennis avec Daniel et papa.

À bientôt,

Bisous,

(…)

Exercise 12.9

Les Gets, le 7 février

Bonjour Philippe,

Une surprise – nous sommes en vacances près de chez toi! C'est difficile avec la neige en ce moment, mais on peut peut-être se voir? Je fais du ski avec mes frères et deux autres amis qui s'appellent Luke et Matt. Il y a d'autres activités en ville – il y a une patinoire et une piscine, mais je n'aime pas l'hôtel parce que les repas ne sont pas intéressants. Il y a des pâtes tous les soirs, mais Freddie dit que ce n'est pas cher; ça ne m'étonne pas! Aujourd'hui il y a un problème: il neige trop et nous sommes obligés de rester à l'hôtel, mais la météo pour demain est bonne – du soleil et pas de neige.

Réponds-moi vite, ou envoie un SMS.

Amitiés,

(…)

Exercise 12.10

York, le 30 août

Chers Jean-Marc et Stéphane,

Chère Aurélie,

Je viens de rentrer en Angleterre et déjà vous me manquez. Il fait froid ici! J'ai de la chance d'avoir des cousins à Biarritz. Merci pour les vacances chez vous – je me suis tellement amusé(e). J'aime beaucoup l'architecture de Biarritz: c'est comme un décor de film avec les hôtels, le casino et les châteaux! Votre maison est très belle, surtout ma chambre! Les monuments de Biarritz sont impressionnants, surtout la Chapelle Impériale. J'ai aimé la pelote basque, mais ce que j'ai aimé le plus, c'était de faire du cheval sur la plage. Quelles vacances merveilleuses!

Un grand merci à mon oncle et ma tante, s'il vous plaît. Puis-je avoir la recette de la bouillabaisse pour maman?

À bientôt,

Gros bisous,

(…)

Exercise 12.11

Bonjour Antoine,

Merci de ton message que je viens de lire. Tu me demandes ce que je fais le soir après les cours.

Eh bien, ça dépend du jour. Le lundi j'ai des devoirs de maths et de géo, et ils sont difficiles. Ma matière préférée, c'est le français, donc le mardi, c'est facile. Le jeudi j'ai anglais: le prof est très sympa mais assez strict, donc il faut faire attention! Après le dîner, je regarde la télé, ou on joue à un jeu de société en famille. Heureusement, je ne suis pas interne; les repas au collège sont nuls.

D'habitude, je me couche vers 22 h et je lis un roman avant de m'endormir. Quelquefois je joue sur ma tablette …

Et toi? Que fais-tu d'habitude?

Amitiés,

(…)

ISEB criteria for evaluating performance

Level 1 Speaking: prepared topics

Both discussions are marked out of 10, according to the following descriptors.

Mark	Communication
5	Very good: information presented with confidence.
4	Good: a good amount of information conveyed.
3	Satisfactory: a reasonable amount of information conveyed.
2	Limited: very simple information conveyed.
1	Poor: very little information conveyed.
0	No relevant information conveyed.

Mark	Accuracy and quality
5	Good accent and range of vocabulary; possible errors in more complex language, but generally accurate.
4	Some errors, but clear message and generally good pronunciation.
3	Generally simple answers and frequent errors, but language more accurate than inaccurate.
2	Very limited vocabulary; short, simple sentences; errors very frequent; comprehension somewhat delayed.
1	Occasional, short phrases; communication often hindered by errors; pronunciation barely understandable.
0	No language produced worthy of credit.

 Level 2

Level 2 Speaking: role-play

Each role-play is marked out of 9, according to the following descriptors. There is a total of 6 marks for the tasks and up to 3 marks for the quality of language throughout the role-play.

Mark (per task)	Completion of tasks
1	Full communication.
½	Task partly carried out; there may be considerable hesitation.
0	Failure to communicate.

Mark (overall impression)	Quality of language
3	High level of accuracy with no significant errors.
2	Level of language generally good but with a number of errors.
1	Marked weaknesses in the use of language.
0	Little or no effective use of the target language.

Level 2

Level 2 Speaking: prepared topics

Both discussions are marked out of 8, according to the following descriptors.

Mark	Descriptor
8	Excellent: a lot of information communicated; good pronunciation and at least a reasonable attempt at intonation; a high level of accuracy; a range of tenses attempted; opinions and justification offered.
7	Very good communication: ready responses, mainly accurate; a wide range of vocabulary; good pronunciation.
6	Good communication: generally ready responses, though with some hesitation and a number of errors; a good range of vocabulary; a reasonable attempt at pronunciation.
4–5	Satisfactory communication: adequate responses; some hesitation; some significant errors.
3	Limited communication: hesitant and probably with serious errors; prompting required.
2	Very limited communication: very hesitant, with prompting needed; relatively little accurate usage.
0–1	Very weak: little or no communication; not easily understood; much prompting needed.

Level 1 Writing: section 3

This question is marked out of 5, according to the following descriptors.

Mark	Content
3	Meets all the requirements of the tasks set.
2	Some omissions in fulfilling the tasks.
1	Only partial response to the tasks.
0	No relevant information communicated.

Mark	Quality of language
2	A good range of idiom, vocabulary and structures.
1	A fair range of idiom, vocabulary and structures.
0	Poor range of idiom, vocabulary and structures.

 Level 2

Level 2 Writing: question 1

This question is marked out of 8, according to the following descriptors.

Mark	Content
3	Meets all the requirements of the tasks set.
2	Some omissions in fulfilling the tasks.
1	Only partial response to the tasks.
0	No relevant information communicated.

Mark	Accuracy
3	Full sentences with a high level of accuracy.
2	Reasonably accurate with minor errors.
1	Increased errors, but some examples of accurate usage.
0	Little or no accurate use of language.

Mark	Quality of language
2	A good range of idiom, vocabulary and structures.
1	A fair range of idiom, vocabulary and structures.
0	Poor range of idiom, vocabulary and structures.

 Level 2

Level 2 Writing: question 2

This question is marked out of 17, according to the following descriptors.

Mark	Content and communication
7	All five points covered or four points covered with some elaboration.
6	Four points covered but not all with detail.
4–5	Reasonable content but either one point not covered or the general coverage of the points lacking detail.
2–3	Limited coverage of the required points; little or no attempt to elaborate or only two of the points covered.
1	Very little relevant information communicated.
0	No relevant information communicated.

Mark	Accuracy
5	Very accurate: a sound application of grammar, vocabulary and structures; reads well.
4	A good level of accuracy: a generally sound application of grammar, vocabulary and structures.
3	Fairly accurate: satisfactory application of grammar, vocabulary and structures.
2	Lacking in accuracy: difficulty in communicating the relevant information; marked weaknesses in application of grammar, vocabulary and structures.
0–1	Substantially inaccurate: very limited knowledge of the language.

Mark	Quality of language
5	Excellent range of idiom, vocabulary and structures.
4	Good range of idiom, vocabulary and structures.
3	Adequate range of idiom, vocabulary and structures.
2	Some range and variety of idiom, vocabulary and structures.
0–1	Frequent repetition of identical words and structures.